드라이 플라워

시와문화 시집 73
드라이 플라워

김두례 시집

시와문화

■시인의 말

구월 일요일 오후
언덕을 오른다.

도서관 가는 길

이끼 긴 보도블록 바닥에서
땀이 줄줄 흐른다.

언제까지 여름이 머무를 수 있을까?

2023년 가을 김두례

|차례|

■시인의 말

1부 문밖의 새

자정의 거미 _ 12
너의 사적 모멘트 _ 14
구멍 _ 16
패럴렐 _ 18
쥬만지 _ 20
겨울 일기 _ 22
줄에 눈이 간다 _ 23
진안 간다 _ 24
스크럼 _ 26
지지 _ 28
바닥 _ 30
오늘의 계획 _ 32
문밖의 새 _ 34
드라이 플라워 _ 36

2부 구피 안녕

가만히 _ 38
해 _ 39
구피 안녕 _ 40
오늘의 새 _ 42
달이 떠 있는 오후 _ 44
장총 _ 46
오늘의 일기 _ 48
머문다 _ 50
콘크리트 벽 _ 52
오래된 신발 _ 53
꼬리 _ 54
우짜든지 _ 56
기울다 _ 58
여백 _ 60
산책 _ 62
맹세 _ 64

3부 와온의 저녁

울음의 사슬-순천만에서 _ 68
할머니 _ 70
적운 _ 72
포란 _ 74
바다에서 _ 76
와온의 저녁 _ 78
앵두의 시간 _ 80
나무의 기도 _ 82
길고양이 _ 84
오후 4시 _ 85
식인 상어가 나타났다 _ 86
끈 _ 88
입하 _ 89
사과나무 교회 _ 90
갈대 _ 92

4부 산자고 필 때

수면 무호흡증 _ 94
시발始發 _ 96
캐셔 _ 98
알람 _ 100
계획 _ 102
산자고 필 때 _ 104
상자 _ 106
라면밥 _ 108
오늘도 안녕 _ 110
추심 _ 112
새의 말 _ 113
해바라기 말 _ 114
와흐티에 씨의 꿈 _ 116
어떻게 해야 할까요-미선 언니에게 _ 118

■해설 다의성의 시어로 구축한 삶의 지형도/ 박몽구 _ 120

1부
문밖의 새

자정의 거미

가느다란 거미가
멈췄다 다시 걸음을 옮긴다
이슬을 거두려고 풀잎을 더듬거리며
축축한 자정을 건너는 중

배터리 닳은 로봇처럼 느려지다가도
언제 방전되었냐는 듯
다시 졸음을 쫓고 빠르게 움직이지

자신의 몸으로 만들어야 하는 길
어둠을 엮어 건너야
새벽이 올 것이다

까딱하다가는 풀잎에 미끄러질 수 있어
이슬방울 하나 딸 때도 흔들리는 그물을 생각한다

가까이 있던 창은 다시 흐려지고
다시 제자리인 듯 밤을 견디지
그의 시간은 25시
발길이 바쁜 여린 염낭거미

밑창 닳은 운동화 코를 차던 출근길을 떠올린다
눈물 많은 별을 닦느라
앞만 보고 동동거린

가까이 오고 있을 새벽
그는 지친 불빛을 건너고 있다

너의 사적 모멘트

너보다 키가 크고 손이 크고
발이 넓은 그
스패너를 가볍게 돌려 너트를 풀고 조이지

그런 그가 '잔나비는 나비야'
'잔나비는 나비가 아니고 원숭인데요'
너는 그의 귀에 말을 넣어주었어

귀를 씻는 그와 말을 넣어주는 너는
잔나비와 나비를 팽팽하게 붙잡지

'잔나비는 나비야'
나비는 날아다닐 수 있고
잔나비는 날아다닐 수 없어요

스패너를 찾아주면 너트를 가볍게 푸는 그에게
자는 나비? 잔나비는 잔을 빼면
날아다닐 수 있어요

잔나비를 찾아다 주는 그에게

너는 나비로 잔나비를 조이고 풀고
잔나비는 날개를 달고

구멍

어딘가와 연결이 될 것 같아
바닥에 앉으면 구멍 파기

단단한 흙을
파고 또 파는데요
어떤 구멍은 팔수록 어딘가로 연결이 될 것 같아

동굴과 이어질까
계단을 향해 벽을 향해 파는데요
마못처럼 집을 짓듯 파는데요

생전 마못이었을까
도마뱀을 만나면 빠져나갈 굴도 만들 거야
맨홀 같은 데에 빠지면 다시 돌아올 수 있을까

동굴이 된 저쪽을 떠올려요
환한 저편으로 이어질
구멍은 얼마나 커야 스스로 커질까
주문을 외우고 파는데요

벽 너머 소리 귀 기울이며 파는데요

계단으로 이어질 것 같은데
도마뱀 다가오는 듯 소리가 나를 붙잡아요
빛이 들어오고
계단이 숨을 쉴 것 같아요

눈을 깜박여보는데요
어두워지는 여기
구멍을 내고 메꾸는 바닥
흙먼지 쌓여 있어요

내일에도 파고 있을

패럴렐

너는 어젯밤 1시에 왔다고 말하고
나는 네가 3시에 왔다고 말한다

네가 집을 떠나 있을 때
음표를 그렸다고 말하고
나는 어젯밤 달의 그림자를 보았다고 말하지

노래를 부르고 악기를 다루는 너
노래를 들려주겠다 하고
나는 발자국을 찾고 옷 주름을 펴고 있지

내가 영화표를 끊을 때
너는 그곳에서 음표를 그려 노래를 하고
우리는 점점 문이 많아지고

낮과 밤은 늙어가고
우리는 작아졌다 커졌다 하고

잠깐이라도 만났을까
상자를 쌓으며

우리의 그림을 맞추어 보는
다시 문을 열고 있는 우리

쥬만지

1
또 다음 주사위를 던지지 우리는
굴러떨어질 때 계단을 꿈꾸며

2
올려다보고 던진 주사위에
와이파이도 잡히지 않는
어두운 지하로 미끄러져 내려갔지

단단한 벽 부수고 빠져나가니
문은 문으로 이어지네
출구는 어디쯤에 있을까

다시 찍어낼 수 없는 판
두통을 앓으며 허공에 주사위를 던지네
판의 끝은 보일 듯 보일 듯

내가 던진 주사위에 너는 이명의 밤을 견디고
밤의 그림자에 생각이 물리는
말은 불면의 밤을 달리지

우리의 창은 찢어져
네가 던진 주사위에 실린 우리
어디로 가고 있을까

게임은 게임이 아니야
맞닥뜨리고 피하고 엉키고
벽에서 벽으로 달리는

속도에 떠밀린 나는 네가 아낀 시간마저 털리고
너의 주사위에 목마르지

어둠으로 흘러 다니는 우리의 숫자가
계단을 오르다 굴러서 내려가네

겨울 일기

　반지하 방의 깨진 계단은 모서리가 불안하여 햇살을 찾아다닌다 어제의 시간이 덮친다 나는 나니아 연대기를 자꾸 떠올린다 음지는 나의 연대기 계단을 만들지 못한다 지하 바닥에 머뭇거리는 바퀴벌레가 숫자를 불린다 뉴스에 마곡사가 나온다 어디에 있는 마곡사일까? 떠올리는 데는 시간이 걸렸다 다녀온 곳 같기도 하다 창은 작아지고 바닥은 기울어진다 마곡사 가던 길에 보았던 갈매기, 바다가 아닌 계곡에서 두려운 눈빛을 하고 있었다 잃어버린 길은 길이 아닐까 화면에서 붉은여우가 모래언덕으로 사라지곤 한다 사라지는 길을 어떻게 찾아야 할까? 벽지에 있는 사막여우가 아른거리며 따라다닌다 포개지듯 쌓이니 뛰쳐나갈 것 같다 역 앞 광장에서 아버지를 만난 날 답답하고 어지럽다며 진땀을 흘리고 계셨다 아버지는 공황장애를 앓았다 나는 환승길에 아득해져서 벽에 기댄 날이 자주 있었다 이후 차례를 기다리는 걸 못 견뎌 한다 시간이 느긋해지지 않는다 반지하 방 햇살이 점점 줄어든다

줄에 눈이 간다

걷다 보니 주차장 앞이다. 오가는 차들이 뜸하다. 저 주차장은 언제 차들을 칸칸이 가득 줄 세웠을까? 어제도 운전을 했다. 운전대에 앉으면 의자를 당기고 백미러의 수평을 맞추면 운전대가 나를 운전하고, 앞뒤로 줄을 세우지. 건너 아파트 벽에 에어컨 실외기들 난간에서 줄을 맞추고 있다. 아파트에서도 줄을 서야 하는 것이다. 벽에 매달려 층층에서 줄을 잡고 있는 것이다. 중력으로 견디는 저 줄, 나는 지금 어떤 줄을 잡으려고 걷는 것일까? 걷는 동안만이라도 줄 서지 않을 수 있을까? 나란히 피어 있는 메리골드 화단을 가로지른다. 새소리가 난다. 길바닥에 내려앉은 까치는 꼬리를 까딱까딱하면서 줄 서지 않았다. 까치 등에서 빛이 반짝한다. 까치를 보느라 줄 서는 것을 잠시 잊은 것일까? 빨리 걷는다. 어느 줄에 가까이 가고 있는지, 아이들이 줄 서 오는 보도블록 금을, 나는 지금 밟고 가고 있다.

진안 간다

지나간다. 고속도로를 달리는데 장의차가

천식 앓던 외할머니 기침 소리 지나간다

도수 높은 돋보기 끼고 노인회관 드나들던 큰아버지 지나간다

'소리 지르지 마라' 입 모양 찬찬히 보던 큰어머니 주름진 얼굴 지나간다

육이오 때 경찰이었던 외삼촌 낙동강 지나간다

씨앗 품은 봉선화 같은 숙모 지나간다

객사 직전 고모를 찾았다는 외사촌 오빠 다급한 목소리 지나간다

이발사였던 둘째 큰아버지 가위 소리 지나간다

급체로 돌아가신 둘째 큰어머니 창백한 얼굴 지나간다

손님처럼 하룻밤 주무시고 순천으로 떠난 아득한 할머니 흰 무명치마 지나간다

　마루에 앉아 앞산 하염없이 바라보던 반백의 아버지 지나간다

　어린 자목련처럼 입술 파리한 큰언니 지나간다

　먼 하늘이 달린다 푸른 산이 달린다 깊은 강이 달린다 고속도로가 달린다

스크럼

찢어진 겨울 호수는 악기이다
햇살 현을 문지를 때
멀리 윤슬이 피어오르고
잉어는 잉어를 오리는 오리를 따른다

겨울을 연주하는 호수
새들의 눈빛을 보고 있다
잉어의 길을 내고 있다

살얼음판 호수에 봄이 오는 것일까
무릎이 반쯤 잠긴 갈대
바람으로 스크럼을 짜고
갈대 위에 앉은 새들이 높은 음자리를 밟는다

새봄으로 가는 길
시린 물결을 움켜쥔 새들
햇살 리듬을 흩뿌린다

물비늘 후렴구로 퍼져나가는
하늘빛이 풀리는 호수

겨울을 견디게 하는 공연장이다

겨울잠 자는 버들치가 깨어날 때
건넛마을 사람들은 늦게 창문을 연다

지지

책장에 할머니가 준 먼지 묻은 인형
가만히 들여다보고 토끼라 부른다

꼬리가 사슴 꼬리 같아요
귀가 햄스터 귀 같아요
지지가 지워져 갈 때 토끼만 남는다

간간이 붉어진 눈을 뜬다

귀를 잡고 잠이 든 밤
따스한 눈으로 바라보고
나를 앞서며 풀밭을 뛰어다닌다

껑충껑충 도약하고 있어
허밍으로 노래를 이어 부른다
볕을 쬐어주니 꼬리를 흔들고
털을 부풀린다

쫑긋거리는 귀
안으려 하니 빠져나가는

발자국 남겨지는 누런 토끼
놓아주어야 할까

비 오는 날 만지작거리다가
축축해진 토끼 지워지는 날이 있었다

바닥

철조망 밑에서
발이 허공을 쥐고 있다
바닥에 등을 대고 있는 새

낮일을 마치고 부리를 기댈 밤을 찾다
철조망이 길인 줄 알았을까
깃털 가지런한 새 자유로워 보인다

하늘을 바라보는 먹색의 부리가 당당하다

앉아 있는 시간이 많은 구부정해진 엄마
누울 때 오래 뒤척이다가
베개를 괴거나 옆으로 누워
안정을 찾곤 하였지

담장 너머의 말이 쌓이고
눈 뜨지 못하고서
바닥에 등을 댈 수 있었다

저물어 가는 길이 새를 바라본다

붉어졌던 노을 점점 어두워지고

바닥이 된 새
그 모습이 편안하다

오늘의 계획

데이와는 말이 통할 것 같아
오래 걸으며 말을 섞고 싶네
다리가 긴 그는 코도 높고
그의 주위에는 발걸음들이 언제나 잦지
걸음 소리가 멀리서 들리면
금방 다가올 것 같아 말들을 나열하지
데이가 좋아하는 책은 어떤 책일까
철학책을 끼고 가는 그를 본 적 있네
그림도 늘 옆에 두는 듯
최근엔 우유를 따르는 사람이랑 함께였어
몇 번 바라보고서
나란히 걷는다는 착각에 빠지기도 하지
어떤 말을 건네야 할까
말더듬이가 되는 것은 나의 습성인가
어쩌다 그의 목소리가 들리는 것 같아
알아들으려 귀를 열면
가다 오다 그만 사라져 버리네
영화를 본 날도 가까이 있다 생각했네
한참을 머뭇거리며 모습을 그려보았지
진작 데이와는 멀어져 있어

매일매일 찾아오는 대화는 시작하지 못했는데
그가 스쳐 간 히말라야시다 나무 아래 앉아
아침 햇볕을 쬐고 있네

문밖의 새

밤을 두들기곤 하는 새

몰래 찾아와
창문 밖 나뭇가지에 그림자를 묻어 두었어요

저편의 새들처럼
창문에 비친 그림자를 붙잡아
나의 새이기를 나의 새이기를
그리고 그려보는데요

번지고 메마른 새의 문장이
저녁, 내 머리 위로 날아가 버린
검은 얼룩 같아요

새는 새를 데리고 다닌다지요
발자국이 많아지고 깃털이 쌓입니다

이름을 지을 수 없는
부푼 새가 나를 붙잡아요

굴절하기 좋은 밤
그림자는 점점 자라서 커다래집니다

드라이 플라워

햇살 한 모금으로 어찌해볼 수 있을까요. 대꾸할 수는 있어요. 나비 한 마리와 바람 한 점 보이지 않네요. 나에게 노크할 수 있는

내 취향의 뒷면, 아침저녁 보여주는 민낯으로 하루가 지나가요. 내가 나에게 말하지요. 암술과 수술 꽃잎의 흉내로 표정을 바꿀 수 있겠냐고, 나에게 사계절은 한통속이어서 사방이 막힌 것과 같다고, 꽃향기를 맡으면 나비가 되겠지요. 나비춤을 추겠지요.
자리를 지키려는 당신을 믿어요. 둥그런 당신의 눈빛이 말해주어요. 나비가 날아야 향기가 나는 걸까요. 시들지 않는 꽃은 열매를 맺을 수 없는 걸까요 달처럼 골똘해진 하루가 지나갑니다.

당신과 서로 바라보고 있어요. 그 자리를 지키고 있다는 것은

2부
구피 안녕

가만히

인사처럼 너를 바라보고
꽃들처럼 키재기를 하고

네가 음악을 연주할 때
노래를 기다리고

처음 본 눈길로 별을 세고

파도처럼 바깥소식으로 물결을 만드는

너를 향한 문장으로
벌들처럼 새들처럼
네가 바라보는 방향으로
가만히 다가갈게

해

빈틈 만들어 문 열고 들어오는

그를 말릴 수가 없다

붉은 기운을 맘껏 뱉어내고
문을 닫는

그를 말릴 수가 없다

구피 안녕

구피를 깨운다
눈을 뜨면 구피들에게 가
안녕 안녕 안녕

그들은 살랑살랑살랑 움직이고
나는 어느새
먹이통을 들고 술래가 된다

지난여름에 분양받은
산란하는 빛
빈집을 채운다
아이들이 없는

너도 일어나 아침 창문을 열 듯
구피에게 말을 하지
오늘은 빨리 회사에 가야겠어
버스를 타고 가야겠어
계획이 꽉 차 있네
모레 보자

구피들은 물풀과 살랑살랑

구피들을 부른다
어제 그대로일까
안녕 안녕 안녕

다시 세고 또 세고 또또 세고

오늘의 새

어둠이 짙어지는 몸짓들이
골목길 벚나무 사이를 날아다닐 때
우리는 걸어간다

붉은머리오목눈이가 수풀에 매달려
저물어가는 방향에서 흩어진다
다시 금방 저쪽 수풀 속에서 울고
우리는 집으로 가고 있다

노을은 저만치 멀어지고
오가는 소리 붙들고 느리게 날갯짓하는 새는
가끔 안양천에 내려앉았다 가는 새는
울음을 남긴다

구름을 지나 멀리 사라져 가는
파문은 금방 없어지고
들어오는 발소리 나가는 발소리
검은 봉지를 킁킁거리다 달려가 버린 고양이들
밤이 오고 있다

나무도 새도 밤을 맞이할 때
그는 집을 나서야 한다고
야근하는 날이라 한다

속이 쓰리다고 겔포스를 빠는
얼굴이 노랗게 부어 있다

달이 떠 있는 오후

오늘 보이는 것이 상현달이네
페달을 열심히 밟아야 해
시간 안에 다녀오려거든

교회 앞을 지나면 차 수리점이 나오고
더 지나면 삼거리가 나오는데
신호등을 바라보고 가야 해

우측으로 돌아갈까 구부러진 길로 갈까
가고 싶은 곳으로 못 가고
차들이 신호등을 기다릴 때 좁은 골목을 택하지

혼자가 아니야
피어오르는 연기처럼 스치는
당신의 매혹을 떠올려 둥근
달을 가린 구름에 눈길을 주지

고양이가 지나가는 길에선 천천히 페달을 밟아야 해
길은 늘 그곳에 있지 않아
구름은 더 부풀 거야

하늘을 올려다보는 것 잠깐이야
낮처럼 무표정으로 갈 수 없는
밤이 되면 저 달은 더 풍성해질 거야

장총

어젯밤 그가 나에게 장총을 줬다고 말한다
나는 끄덕이면서도 의심이 든다
그가 준 것은 장총일까
의심하는 것이 아니라
나를 믿지 못하는 것이다
그가 재차 말한다
저는 장총을 줬습니다
어떻게 사용하실는지요
그런 것 같기도 하다
오랫동안 그의 무기를 놓고
해체하고 조립하며 철컥거리는 소리를 들었다
아귀를 맞추는 시간
장총이 되어가는 것에 고개를 끄덕였다
장총은 장총을 낳았다
그와 헤어진 것이 실감 난다
그가 말한 장총을 어떻게 사용해야 할까
과녁을 찾아다닐까
부품에 기름칠할까
무턱대고 쏘아댈 수도 없다
그렇다고 닦고만 있을 것인가

그가 준 총을 쓰다듬는다 겨눠본다
그의 뒷말이 썰물처럼 느리게 울린다
장총을 보관만 하지는 마세요

오늘의 일기

둥근 시간에 갇혀
헤어날까?
벗어나 볼까?
지나온 흔적 속에
메아리의 질문해 본다

길이 있길 바라는
오늘도 습관처럼
집을 나서서 앞을 보고 걸었지
오르막이든 내리막이든

황사가 있던 시간도 흐르고
내 속에 가둔 물음표 점점 커지는
마지막 물음마저도 무색이다

쳇바퀴 도는 듯
느릿느릿 서 있는 교회 십자가 사이
별똥별 빗금 그으며 머릿속을 흔든다

별들의 문장이 띄엄띄엄 부화하여 행을 나누는

달이 지나는 길마다
지나간 행간의 흔적
달과 별들이 되어 피어오른다

지울 수 없는 쉼표
일기 속에 가둔다

머문다

바람에 흔들리는 한 잎의 개망초 풀잎에 더 오래 머문다
물풀에 갇혀 울음 우는 날개 꺾인 오리 몸짓에 더 오래 머문다
비상하려는 한 마리 쇠백로 가녀린 다리에 오래 머문다
흙에서 삐져나온 소나무 작은 뿌리에 더 오래 머문다
당신 양말의 뚫린 작은 구멍에 눈길 더 오래 머문다
뒷산에서 들려오는 구슬픈 새 울음소리에 귀 기울인다
멈칫거리는 아이의 작은 눈망울에 오래 눈길 머문다
사이와 사이에 더 오래 머문다
한 코씩 더하는 코바늘의 느린 움직임에 더 오래 머문다
시가 태어나려는 긴요한 바닥에 더 오래 머문다
길고양이의 사냥길에 멈춰 있는 고독한 뒷모습에 오래 더 머문다
나팔꽃잎에 사라질 듯 머무는 작은 이슬방울에 오래 더 머문다
흔들리는 전깃줄에 앉아 있는 까치발에 더 오래 머문다
구석으로 굴러가 멈춰 있는 작은 단추에 더 오래 머문다
무너져 가는 담장에 얹혀 있는 햇빛에 더 오래 머문다
담벼락 기어오르는 담쟁이 방황하는 어린 새순에 오래 더 머문다

깊은 밤 어쩌다 들리는 풀벌레 소리에 더 오래 머문다
어두운 밤 희미한 푸른 별빛에 오래 더 머문다
나뭇가지 물고 서성이는 까치의 부리에 오래 더 머문다
미세먼지 가득한 서산에 걸친 붉은 노을에 눈길 머문다
이프로 부족한 듯한 마르퀴스*에게 더 오래 머문다

*『시작은 키스!』*La delicatesse, Delicacy*, 2011.

콘크리트 벽

눈이 쌓인 얼음길에서
넘어질 듯 넘어질 듯

그가 지팡이가 되고 받침대가 되었다

간신히 현기증을 견디고
겨울나무에 쌓인 눈처럼
위로를 받으며 중심을 잡았지

저만치만 있는 그대
미끄러운 길에서 기대었네

오래된 신발

집 밖을 나간 발자국에는 머뭇거린 흔적이 있다

한 길을 내느라 앞만 보고 온 어제
한쪽으로 기울어진 줄 모르고
얼굴을 털고 간판을 털고 비애를 털고
깊게 새겨온 길

오늘 발자국 일어설 때
돌고 돌아온 낡은 지도
지워질까 봐 붙들고 나선 것일까

꼬리

들여다본다
들여다보니 눈길 길다

끔뻑인다 끔뻑한 것은
지나가는 것처럼 생각한다

깜빡한 것처럼 멈춰 너를 읽는다
오래 맴돌았지
한동안 그 발

고양이 걸음으로 다가온
다정인 듯
울음인 듯
가까이에서 옆이라는 듯 짧게 운다

다시
크게 몇 번 그리고 길게
점점 다가오는 소리

뒤돌아보지 않으니

가까이에서 울음 이어진다

떠오른 것
들여다본다

골몰하는 봄
또 다가올 것이라 여긴…
떠오른 것

긴 자국
짧은 자국

우짜든지

비의 길
안개의 길
지나 도착한 밤
'우짜든지 잘 오셨어요'

씨익 웃는 말에 힘든 길이 뻥 뚫린다

오늘 아침 또 '우짜든지'를 내놓으면
난 그 '우짜든지' 앞에
고개를 끄덕이고 그만 멈추게 된다

읍내 시장에 가야 하고
언니 식당에도 가야 하고
거슴츠레 눈 비비면
'우짜든지 식사하고 시작해요'
괄호 열어 말 길게 늘여놓으면
'우짜든지 그래요'

금방 닫아주는 괄호 같은
닫힌 문을 환하게도 여는

그녀의 씨익 웃는 모습
먼저 와닿는다

우리는 말의 긴 꼬리를 내리곤 한다
'아무쪼록'과는 맞댈 수 없는
두루마리처럼 돌돌 말아놓았다 금방 잘라 오는
짧은 말 나는 오래 되새긴다

기울다

천천히 기울어가는 걸 난 좋아해

봉오리 맺어지며
울타리로 기울어가는 장미꽃들
저 너머로 향기 날리지

짐을 든 너에게서 땀 냄새가 나
그 땀을 견디고 닦아줄 마음이
너에게 가까이 기울어 있다는 것

'기울다'는 각도가 중요해
비스듬하게 한쪽으로 낮아지면서 기울어야 하지

달이 기울어 가는 것
어둠 속에서도 내일이 있다는
'기울다'는 말에 기울어 보면
가만히 있지 않아 끊임없이 움직이네

자전하고 공전하는 지구가 23.5도 기울어져 있듯
우리는 기울어 있는 것이지

그건 네 안에 내가 있기 때문 아닐까

나에게 기울어 올 때
너에게 기울어 갈 때
서로 기울이며
또 우리는 시작하는 것이지

천천히 기울어 있는 걸 난 좋아해

여백

박음질이 끝난 하얀 앞치마

들판을 향해 손을 잡고 걸어가는 아이들
밑그림을 그리고 수를 놓는다

들판은 진초록과 연한 초록
하늘은 파랗게

머리를 땋은 노란 원피스
연한 갈색 반바지
아이들이 손을 잡는다

어떤 색이 좀 더 사이좋을까

씨실과 날실이 교차하는 지점
빠진 사슬코 하나 불안하다

다시 코를 줍는다

지평선을 향하여 달려갈 때 아이들

넘어지면 어떡하나

그림을 바라보는 그녀
실을 끊지 못한다

산책

운동화코를 앞세우는 길
붉게 물들여 있는 은행 골목에서
나는 이미 걷고 있다

호주머니에 넣어둔 전화가 붙들어
누구일까

빠르게 걸을 것인가 천천히 걸을 것인가
걸어가고 있는데
전화 소리 자꾸 앞선다

파리제과점을 감고 투썸 카페를 감고
홈플러스를 감고 은혜 약국을 감는 전화
노을에 걸려 꼼짝 못 한다는 구순 어머니다

어디서 뭘 하고 있니

어디까지 갈 것인지
오늘 감을 수 있는 길을 내다보는데
어머니는 무릎이 펴지지 않는다고

방에 계시면 거실로 나가기 힘들다 하고
거실에 계시면 방으로 못 들어간다는

걷기를 좋아하시던 어머니 아예 멈춰버렸다
나는 앞으로만 나가고

맹세

언제부턴가
물을 듬뿍 채워주지도
햇살을 보여주지도

뒷전이 되어가니
작아져서
하얗게 떠 간다

눈길 길어진다

논 가에서 데려온 개구리밥
항아리에 두고
베란다에 두고
오래 살라 하였지

너를 데려와
정성이 부족했을까
서툰 다짐이었나 보다
일회성 마음이었다는

그곳은 계절이 바뀌어
데려다 놓을 수도 없는

그릇을 옮겨보고
물을 듬뿍

자리를 옮겨보고
바람을 쐬어주는데도
작아지는

개구리밥들
모양을 잃어가는

이젠 무얼 할 수 있을까

3부
와온의 저녁

울음의 사슬
-순천만에서

습지로 향한다
흑두루미 소리에
뻘이 당기듯 빨려간다

흩어졌던 아이의 울음이 섞인다
눈이 먼저 귀가 먼저 열리는

어미와 어린 새로 이어지는

안개 피어오르는 습지에서
번지는 울음
얼마나 토했을까

아무르에서 아무르로 가는 길

저 목이 쉬어가는 소리는
바다로 잠기고 있을 것이다

물음이 자라는 아이는

나를 보고서야
울음이 그쳤어

아침을 선회하는 저 울음
울음을 부르고 부른다

할머니

할머니는 마을 당골네
성처럼 높은 그곳에는 뱀 이야기가 있다

뱀 두 마리가 할머니를 지켰는데
그녀가 이웃집에 갈 때
풀릴 일이라면 노란 뱀이 꼬리를 흔들면서 나오고
가도 풀리지 않을 일이라면
길에 흑뱀이 나와서 장승처럼 버티고 서서 막았다고

그럴 때는 쪽진 머리 곱게 차려입은 할머니 돌아섰단다
그 길이 할머니 길이었을 것이다
할머니 길로 나도 걸어왔다

일이 안 풀릴 때 돌아가 투정하면
내 머리를 부드럽게 쓰다듬으면서
걱정하지 마라. 네 앞길은 항상 지켜줄 거야

큰물이 져 물이 뒤집히면 밑에 살았던 물고기들이 위로 뜬다잖니
할머니 말을 새겨들어서일까

구불구불하지만 낙타처럼 묵묵히 걸으며 기다릴 수 있는 길

어머니의 어머니가 그랬듯
나도 아이에게 길이 있다고 말한다

적운

구름이 날개를 파닥거릴 때마다
피어난 작은 불빛
어둠을 밝혀주느라 자주 깜박거려요

집으로 향하는 처진 어깨도 품어주어요

바다, 하늘과 맞닿아 빛날 때
눈을 뗄 수 없어요

바다를 맞이하는 나는 가슴이 두근거려요

멀리서부터 찰싹찰싹 다가올 때
어둠은 풀어지며 쉬이 맴돌아요

시간은 눈부시게 부풀지요
붉은빛 큰 날개로 하늘거릴 때

일어나는 바람, 난 그 바람을 맞이하지요

날개를 폈다 접을 때

구름 날개를 활짝 편 하늘

안쪽이 빛나네요

포란

그녀 쏟은 흥건한 피로
어두운 바람 소리 온몸을 휘감는다

창밖 눈발이 포근히 춤을 추는데도
병실은 낭떠러지다

태아의 심장박동기 소리가 병실 가득하다
그녀는 아기를 품으려 하고

둥지를 지키려면 붉은 글씨의 '절대 안정'

차가운 침대만을 맴돌아
긴 겨울을 견뎌 낼 수 있을까

수시로 조여오는 옆 둥지
난산의 울음소리가 두렵다

아이를 지키기 위해
펭귄처럼 뒤뚱뒤뚱 허들링을 하는

남극의 겨울 같은 둥지를 지켜내야 한다

바람과 맞서서 뱃속에 품어야 하는데
웅크리고 보낼 침엽의 밤이 길다

바다에서

누군가는 파도다
누군가는 바다다
누군가는 물보라다

바닥을 다지며 오는
바다의 방식
바람을 일으키지요

부서지는 스펙트럼을 찾아보아요
발자국에 발자국을 찍는
모난 것에 부딪고도
앞으로 앞으로 하얗게

바닥이라 여기는
어두운 글자들 지우느라
저 멀리서부터 뒤척였지요

들썩이는 것은
조금씩 무너지려는 의지일까
겹친 발자국들

단번에 지우기도 하지요

침묵할 수 있을까요
거센 바람을 일으켜요

저만치 파도가 일어서고 있는

와온의 저녁

와온의 해는 몸을 낮추느라
산봉우리 사이에서 그림자를 느리게 끌고 간다

걸음걸음 피어나는
안녕의 발자국들
돌아보는 갯벌에 해거름이 묻어 있다

내려다보는 바다
돋보기안경을 낀 할머니의 무릎 자장가가 들린다

바다는 해를 위로하느라 새를 부르고
저녁의 노래를 들려준다

해의 뒷모습이 사그라지자
울음을 품은 새는
밤이 오는 집으로 낮게 날아간다

어둠을 둘러야 하는 바다
밀려드는 바람 소리에 귀 기울인다

와온 바다 어둠 속을 오래 걸으면
해를 보낸 바다의 기도를 오래 들을 수 있다

앵두의 시간

앵두가 오월의 햇살과
푸른 계절 사이에서 붉게 익어간다

잎과 잎 사이 푸른 기운이 옮겨지고
바람을 맞으며 햇볕을 품는다

새소리를 들으며
시나브로 앵두는 달라지는 것이다

붉은 앵두를 보면
사람들 마음도 붉어지는

그 어떤 것도 끝은 없고
다만 달라지는 것일까

햇살이 달려져가는 앵두를 품어준다

시선이 끝에서 끝으로 옮겨 다닌다

그 집의 한 그루 앵두나무

늘 같은 방식으로 둥글게
앵두의 가계를 이어가는 것이다

앵두 언어를 스스로 쓸 수 있는
앵두나무 주인들

오늘은 붉은 맛을 보여줄 차례
둥근 뺨을 내밀고 있다

나무의 기도

손을 뻗고 또 뻗는다

하늘에 닿기는커녕
묶인 발도 뗄 수가 없다

새가 찾아오자
소원을 들어줄 것 같아
가지에 둥지를 허락한다

몸을 내주고 끄덕이며 기다린다
날았다 다시 오는 새
먹이를 주고 어둠도 같이 버틴다

가지가 부러져도 용서의 눈빛을 보낸다

날아도 날아도 하늘은 닿기 힘들다는 것
날아 본 자만이 아는 비밀이 생기는

내일이면 바뀌겠지 내일이면
새는 날아가고 나무는 기다리고

어린 새는 자라서 나무를 떠나간다

나무의 사정을 헤아리는 하늘
비와 별을 보내주고

하늘을 헤아리지 못하는 오늘의 나무
하늘을 향해 또 손을 뻗는다

길고양이

그믐달이 뜬 밤
그물 같은 나뭇가지 사이로
희미하게 하늘이 어두워져요
달빛 속의 검은 새는 밤을 가로질러요

그물을 찢고 싶은데 다리가 후들거려요
담을 살짝 넘어보려는데
높은 담벼락
그물 같은 나뭇가지가 앞을 막아요
나무가 자라고 싶을까요

귀퉁이 헛발질에는 길이 많아요

길은 어쩌면 매듭을 풀고 가는 길

발소리 듣고 있으니
앞으로 갈 것 같아요
몸을 뻗을 수 있을 것 같아요

꼬리를 치켜세워 보아요

오후 4시

뱀처럼 굽은 길
어릴 적
갈대숲 길은 뛰어다녔고
자전거 타는 길이었지

지금은
바라기가 된 아버지
휠체어에서 갈대숲 이야기하다
길 저편으로 조약돌을 던진다

작은 둥근 돌멩이가
아버지 발아래에 굴러 떨어지고
주워보면
당신의 오후가 귀퉁이에 붙어 있어
멀리 던져버린다

새들이 푸드덕 날아간다
모래바람이 불고 꽃가루가 부옇다

풀잎이 고개 들어 제 몸을 부풀리는

식인상어가 나타났다

한겨울 연일 미세먼지와 동파 주의보에
마침내는 도시에 식인상어가 나타났다
누군가는 공기청정기를 가지고 있고
누군가는 순간온수기로 따뜻한 겨울을 만들지만
기자들이 대서특필한 상어 이빨은
가만두면 먹성이 강하여 옆집으로 몸을 부풀린다
오갈 데 없는 세입자들의 흔들리는 눈빛
상어가 일자리를 삼켜버린다
그의 공격성을 본 누군가는 자업자득이라 말하고
누군가는 집주인이 손 내밀어야 한다고 하고
누군가는 국가가 나서야 한다는데
날카로운 이빨의 악력을 재느라
누구든 선뜻 나서지 못한다
겨울 상어의 공격이 어떻게 끝날 것인지
알만한 사람은 다 안다
숨긴 공격 자세는 건드리지 않으면
안으로 스며들었다가
언젠가 또다시 이빨을 드러낼 것이다
으르렁 소리 지르니 바닥의 발들은
해진 맘으로 잔뜩 움츠러든다

이 도시에서 이빨을 풀어내며
꼬리를 흔드는 식인상어
사람들은 숨도 제대로 쉴 수가 없다

끈

어둠에 갇힌 외딴집은 그 안에서 소란하다
티브이 소리 문 여닫는 소리 수돗물 소리 발걸음 소리

마당에 매인 흰둥이랑 누렁이도 늘 그렇게 있는 자리에
짐짝처럼 퍼질러 앉아 머리를 움직인다
옆에 올 초 이 집에 온 점박이 중개가
매인 줄이 못마땅한 듯 줄다리기하다 지치면 다시 꼬리를 살랑이고
담벼락 뒤 배밭 닭장에서 자지러지는 닭 울음 듣고도
안채의 불빛을 보고 있다

집 뒤 배밭에서는 동네 끈 풀린 떠돌이 개 서너 마리, 떼지어 몰려와
닭들을 쫓으며 허기를 푼 밤

노모가 키우던 닭 서너 마리 다리가 부러지고 날개가 찢기었다

입하

산길은 나무속으로 이어져 있군요
비탈길을 가볍게 걸어요
그늘이 넓은 나무가 있고요
새소리도 들려요
옅은 안개가 경쾌하게 지나가요
숲을 지나 바위산으로 올라요
넘어질 듯하지만 넘어지지 않아요
흔들바람이 서서히 불어요
벌들이 꿀을 모으느라
산벚꽃 나무가 소란해요
연둣빛 숲이 꾸물꾸물 부풀어요
햇빛이 반짝여요
눈이 부셔요
명랑한 시간이 흘러요
몸을 바람에 맡겨요
두 팔을 날개처럼 활짝 펴요
날개를 펴고 새처럼 날아요

사과나무 교회

'하나님은 당신을 기다리십니다
주일 낮 예배 오전 11시, 주일 오후 예배 2시 30분
주일 저녁 예배 7시, 수요일 저녁 예배 7시
새벽 기도회 오전 5시 30분'

이렇게 시간을 정해놓고 하나님은 기다리시는데
사과나무 가지가 뻗어서 별까지 닿기 힘들 듯
나는 하나님을 만날 수 없는 걸까

기도하는 깊은 옹이의 시간
새벽 전광판 불빛에 사과나무
좁은 골목까지 늘어져 있다

목을 늘려 기다려도
사과나무 탐스러운 교회는 만날 수 없다

천국의 티켓은 어떤 것일까
사과 심는 방법을 알 수 있을까

하나님 만나는 시간에 기다리고 있어도

사과나무 묘목 어린 싹도 틔우지 못한다

어디서 하나님은 교신을 위해 사과나무를 심고 계시나요
어디서 사과 재배법을 알려주고 계시나요
하나님과 닿기도 전에 교신이 끊어진다
예배 시간 불빛이 꺼져 간다

갈대

깃발 같은 정신을 붙잡고
마지막 노을을 견디고 있다

때론 어두운 밤하늘

고개를 들어 올리는 기도
여러 고갯길 넘어지지 않고 왔다고
또 다가올 겨울을 위해 손을 모은다

뿌리는 쉽게 흔들리지 않아
꺾이지 않기 위해
바람에 맞춰 흔들거리는

4부
산자고 필 때

수면 무호흡증

양압기를 끼어야 잠을 자는 사내
그런 그를 코끼리 사내라 부른다

가면 같은 기기를 쓰면
코가 길어져
거친 숨을 쉬다가도
물가에 다가간 코끼리처럼 곧 잔잔해진다

소리가 소리를 감는
그의 집은 낮이 밤이고 밤이 낮일 때가 많은

암막 커튼이 벽을 만들어주는
밤에 닿기 힘든 잠
코골이가 심해져 날로 약물이 늘어간다

기기는 자국을 만들고
얼굴에 붉은 반점을 피우는
푸른 공원에서 숨쉬기

오늘 밤은 어느 초원을 지나가고 있을까

기기를 끼고 잠이 든 사내
자작나무 우거진 숲길을 돌고 있는지
숨소리가 고르다

시발始發

확진자의 화인이 통보되고
공간이 낯설어진다

문 건너 대면을 금 그으니
집안의 집 방안의 방

저녁 챙겨 먹을 시간
노크 소리가 들리고
방문 앞에 식사가 와 있다

내일은 조카의 결혼식이 있는데
모레는 연장한 도서 가져다 주어야 하는데

마주하고 있는 오늘
진땀의 밤이 지나가는

기침과 도려내려는 듯한 목 아픔
시간이 길다

노크 소리 발소리가 머물다 사라진다

끼니와 물
저건 문밖 간격이
이어지는 끈이라고

날아드는 연하장과 부고들

눈길을 모으느라 춤추다가 지쳐버린 바람 인형처럼
다시 너를 찾으려는
깊은 시간을 보내야 한다

일상이 소소하다는 건
수정되어야 한다
벽 너머 소리가 불안하다

캐셔

마트 계산대를 두드리는 손
코드와 숫자는 언어가 되었다

팔뚝과 가슴에 새겨져 있는 붉은 장미
한시절을 묶어놓은 듯
아직 향기를 뿜는다

기기를 두드리는 손 팽팽하다
진한 덩굴장미 문장을 떠올리는

계산대 앞 바쁜 발들
꽃잎의 흔들림으로 자리는 피어난다

경계에 있는 꽃 문신
사람들이 줄어들 때마다
이마를 쓸어내린다

곧은 꽃잎으로 매일 다짐하는
그녀 몇 년째
울타리를 오르듯

계산대 앞을 지키고 있는 것이다

오늘도 단정한 인사를 건네는
상냥한 가시 날리는 그녀
통통 부은 다리를 견디고 있다

알람

언제부터 빈 병이 손에 들려져 있었을까

뙤약볕이 내리쬐는 낯선 마을에
불시착한 듯
우둘투둘한 콘크리트 벽 길
협곡 같아 돌고 돈다

곧 골목을 벗어나면 물이 보이겠지
물소리가 들리는 것 같아
모퉁이를 몇 번째 돌고 도는

이곳은 대체 어디일까

두리번거리는데
노인이 저만치 호수를 돌고 있다

물을 찾아요
저기 바위산 아래 샘물이 있지
(기다렸다는 듯)
다가와 큰 산을 가리키고는

소리처럼 금세 사라진다

가까이 다가가
물을 마시려는데
호수의 맑은 물이 파도치며 덮쳐온다

악마의 알람이 울린다

계획

원을 그리려 했는데 네모가 그려졌다

바다에 가려고 했는데 냇가에 와 있는 발길

뒷산 와룡산에 가려 했는데 빌라촌 골목에 와 있었다

이웃 마을에 가려고 했는데 집 근처를 맴돌고 있었다

강에 가서 새를 보려 했는데 뒷산에서 나무를 보고 있었다

중앙 시장에 가려 했는데 이마트에서 돌아다니고 있었다

대공원에 가서 호랑이를 보려 했는데 골목에서 고양이를 보고 있었다

낙타를 만나려 했는데 금붕어를 보고 있었다

공작새를 보고자 했는데 화창교 밑에서 비둘기들을 보고 있었다

텃밭에서 잡초를 뽑아주려 했는데 딸기농장에 와 있었다

자전거를 타고 싶었는데 강가를 걷고 있었다

너를 다섯 시에 만나려 했는데 다섯 시를 넘기고 있었다

이구아나를 보고자 했는데 지렁이를 보고 있었다

테트라를 길러보고 싶었는데 구피를 샀다

곰보빵을 먹고자 했는데 붕어빵을 봉지에 담고 있었다

야경을 보고 싶었는데 일출을 보고 있었다

피자를 먹으려 했는데 국수를 만들고 있었다

시간을 밀고 가는 시간 바람을 밀고 가는 바람

내가 밀고 가는 것은 무엇일까

산자고 필 때

봄꽃처럼 흩어져서 사는 얼굴들
한 해에 한 번 광양 중군동 산소에서 보니
연둣빛 새순처럼 반갑다

'석'자 돌림인 아버지 형제들
'주'자 돌림인 할아버지 형제들
익신리 마을 지켜 온 조상 앞에
상을 차리면 잔디들도 무릎을 꿇고
우리가 달래던 바람도 잠시 예를 차린다

아이들의 엉덩이가 하늘로 치켜드는 절
가랑이 사이로 까르르 눈이 마주치고
지나가던 들고양이 다가와 제사가 끝나기를 기다린다

산자고 피는 사월 살자고 살아가자고
아카시아꽃 향기도 올려지는 오늘의 제사
상석 위에 올려진 정성들 들풀 향과 버무리고
고양이 길손에게도 생선 한 마리 들려진다

숟가락이 바쁜 쑥, 엉겅퀴, 달래가 앞다퉈 두는 훈수에

저만치서 지켜보는 키 큰 자리공도
오늘 한 뼘 더 늘려진다

서쪽 하늘에 잠시 나타난 햇무리
차례대로 빠져나가는 발길을 지켜보느라
오늘은 두 배로 눈이 부셨을 것이다

상자

지하도 귀퉁이에서
사내가 눈 비비며 기우뚱거린다

낮 열 시가 훌쩍 넘은 시간
그가 기댄 벽이 졸고 있다

찢어진 옷 사이로 보이는
긁힌 마른 핏자국이 선명하다

상자가 무너질 것 같은데
그루터기같이 지친 사내
일어서지 못한다

달팽이처럼 둥글게 말고 있는 몸
그을리고 부어 있어
무너질 듯 상자가 지탱하고 있다

상자가 된 그와
그가 된 상자

모퉁이 눈들 각이 진다

찬 벽에서 떨어지려
손 짚고 여러 번 발 떼었을
그가 지하 상자에 갇혀 있다

라면 밥

그날도 거미줄처럼 끼니가 달랑거렸다

월급날 앞두고
한두 끼는 굶을 수도 있었다
없어서 거르는 끼니는 잠을 부르지 않았다

최루가스에 눈물 흘리며
조기 퇴근길, 누가 그 사정 눈치챌까 봐
얼마나 씩씩하게 걸었는지

저녁 길에 호주머니 샐까
왕십리 시장 빙 돌아 집으로 가는 길
찬바람에 맞닿은 볼이 탄탄하게 붉었다

캄캄해야 할 자취방에서
새어 나오는 불빛과 따뜻한 냄새가 볼을 녹였다

그날은 동생이 먼저 퇴근해
탈탈 턴 쌀 반 컵, 라면 한 봉지 찾아
남은 쉰 김칫국물 넣어 밥을 지었다

솥째 방바닥에 놓고 둘이 마주 보고
동생 한 술 나 한 술 떠먹었다

밥그릇이 따로 필요 없는 저녁
씹지 않았는데 입안에서 녹았다
그렇게 허기를 채운 날이 있었다

오늘도 안녕

명절에도 챙겨야 하는 알약
아침밥을 먹고 물을 찾아
노상 삭신이 쑤신다는 엄마 옆에 앉으니
나도 나도 하며 알약을 갖고 오네

어지럽다는 여동생은 비타민D 정
온몸이 쑤신다는 엄마는 이부프로펜 정
머리가 아프다는 남동생은 타이레놀 정
허리 아프다는 언닌 노바스크 정
알약들 입에 털어 넣고 물을 마시네

믿는 만큼 지켜줄 것 같은 알약 표정들
면역력이 망가진 오빠는 몸에 맞는
더 센 알약을 찾느라
병원 생활이 길어지네

폐렴으로 돌아가신 아버지도
돌아가실 때까지 알약을 드셨네
침대 머리맡에 쌓여 있던 누런 알약 봉지들
코데인을 삼키시던 아버지는 기침이 심하셨네

알약이 알약이 아니네
아침이 삐끗할 때면 복약지도가 망가지고
검은 그림자 슬며시 다가와 있어 종일 속이 시끄럽지만
알약을 삼킨 아침은
오늘 하루도 건강하게 지나갈 것이라 여기네

추심

바깥, 북한강 미술전에서

붕대를 감은 사내가 발버둥을 친다

붕대는 몸만큼의 감옥
저항하면 할수록 온몸을 돌아 옥죈다

단면이 위쪽에서 아래쪽으로 흐른다
반항할 때마다 치닫는 물결

삶을 던져버리고 싶겠지만
강물에 흐르는 붕대는 유효기간이 없단다
부패하지도 않는다고

두물머리 북한강변
휘어진 수양버들 살려달란다

사내는 길들여지고
후빈 자리는 덧나고

새의 말

그 많은 이슬을 밟아왔고
그 많은 빗소리 들었고
그 많은 바람 소리 지나갔지

그 많은 흙 내음을 맡았고
그 많은 햇빛 속삭임에 놓였어
그 많은 천둥소리 들었다

지금 경계에서도 두근거리지

태풍 예보가 있던 날
집으로 오는 길 가 나무는
바람의 눈에 찢어졌어

나뭇잎 사이로
하늘을 쪼아대는
눈이 부시는 아침
풀잎 이슬 촉촉해지는

해바라기 말

임신한 배를 숨길 수 없듯
무거워 오는 고개를 들지 못한다

노을에 휘청거릴 수 있는 것은
자신이 해바라기라는 것을 놓치지 않았기 때문이다

꽃피우는 것만이 전부라 여긴 때
초록 바람을 머플러처럼 휘감았다
이슬도 그녀에게 닿으면 중심이라 했고
구름이 덮여도 애써 길이라 읽었다

비바람을 맞으면서도 지탱해 왔던 때
어쩌면 가장 빛난 나날들이었을까

해를 바라기 한 나날 해는 구름이 묻어 있고
어디인가 가늠되지 않은 바닥

오늘 고개 숙인 그녀를 보고 알았다

점점 무거워 오는 것

점점 익어가는 것
점점 가벼워지는 것
점점 비우는 것

해바라기 말을 만들어가는 것이다

와흐티에 씨의 꿈

단서는 모래바람이다
사막은 어두웠고 문은 좀체 열리지 않았지

나 와흐티에는 오늘의 부름을 오래 기다리고 있었지
아아루로 가는 길을 찾고 있었고
심장의 무게가 깃털과 같아지기를 얼마나 기다렸던가

햇살이 사선으로 흘러들어 오고
오늘을 기다리며 꼼꼼하게 포장한 천이 드디어 풀리는가

가족도 부름이 시작되나 싶더니
저들의 서툰 관찰에 갱도가 무너진다
누런 벽들이 긴장한다
위빈이 열리니 침묵과 고요가 흩어진다

  한 검사자의 붓놀림에 기나긴 꿈이 이루어지는가
  뼈에 붙어 있는 퇴적물을 보고 최초로 말라리아를 앓았
다고 기록한다
  다리뼈는 이리저리 뒤집어보고 가까이한다
  오래 앉아 있는 제사장 노릇을 눈치챈 걸까

근육이 없는 것과 똑바로 걷지 못함을 들키고 말았다

조상까지 부르는구나
결함을 발견하면 기뻐서 저들은 그들이 믿는 신에게 무릎을 꿇는다

이젠 꿈이 이뤄지고 있다고 신에게 무릎을 꿇어야 하나

저들이 발굴한 내가 나일까

저들도 꿈을 이루기 위해
가까이 보고 아직도 숫자를 세고 있구나
이젠 잘 모르겠다 이렇게 4,500년을 기다렸는데
아직도 무엇이 궁금하다고 의문부호를 달까

어떻게 해야 할까요
-미선 언니에게

오랜만에 불러보네요
서울에 온 지 얼마 안 돼 언니를 따라다닐 때
모든 것이 새로웠어요
이태원 골목에서 인형처럼 눈 큰 작은 아이에게
"유아 베리 프리티"
나도 어쭙잖게 말을 따라 건네고
아이의 부모에게 유치원 모집 광고지를 건넸지요
언니의 긴 머리가 바람에 날릴 때 반짝하던
오르막길에서 참사가 일어났네요
어디에선가 같은 뉴스를 접하고 있겠지요
한밤중 이태원 뉴스는 밤을 지새우게 했지요
곧 다 구출해 내겠지 하고
그때 걸었던 이태원 골목을 떠올렸는데
그 길이 사람들이 압사로 다 무너졌다니
긴가민가할 때 사고는 더 커져가네요
오늘 한 시인 친구와 시청 시민분향소에 갔어요
영정사진 속 많은 얼굴을 보았지요
지금 이곳에 있을 모습으로 저쪽에 있는 얼굴들을요
저쪽에 있을 수도 있는 저는

오늘 이쪽에서 하얀 국화를 올렸어요
의자에 앉아 있던 검은 옷을 입은 한 사람이 벌떡 일어나서
"다 죽여버리겠어…"
어찌 미치지 않을 수 있을까요
어찌 목이 쉬지 않을 수 있을까요
세찬 겨울 벽에 맞선 모습이었어요
살아 있는 모두가 죄인 같아요
그 골목을 다시 예전처럼 걸을 수 있을까요
무얼 해야 할까요

■해설

다의성의 시어로 구축한 삶의 지형도

박 몽 구
(시인·문학평론가)

 최근 들어 크게 활발해지고 있는 시에 관한 논의로 시어의 중요성을 빠뜨릴 수 없을 것이다. 시인 하면 평범한 사람들이 구사하지 못하는 독특한 언어나 부드러운 말, 즉 아어雅語를 잘 골라 쓰는 사람으로 인식되어 왔다. 하지만 이 같은 고정관념은 갈수록 깨뜨려지고 있는 추세이다. 최근 시에는 사특한 시어들이 쓰이기보다 일상어들이 두루 쓰이는 추세이며, 시어들의 의미를 사전에 가두지 않고 다의성을 기반으로 실로 다양한 의미들을 파생시키는 기법이 강구되고 있다. 이를 통해 현대시는 제재를 비롯한 제반 영역이 넓어지고 독자들의 삶 속으로 더욱 깊게 스며들고 있다.
 김두례 시인의 두 번째 시집 『드라이 플라워』 속의 시들도 이 같은 현대시의 새로운 미학을 잘 보여주고 있다. 그의 시들은 무엇보다 시의 다의성에 바탕하여 다양하고 심오한 상상의 세계를 구축하고 있는 점이 특색이다. 주술 관계가 분명한 문장 단위로 시인의 의중을 파악하는 것보다, 시인이 제시하고 있는 시어들의 상징성 및 환유의 속성 파악을 통하여 시인의 의중을 확연하게 파악할 수 있는 작품들이 적지 않기 때문이다, 김두례 시인의 시에 등장하는 시어들을 살펴보면, 사전적인 풀이만으로는 뜻이 파악되지 않는 시어들이 적지 않다. 프로이트의 견해에 따르면 엉겁결에 내뱉는 실수의 언어나 농담 등이 인간의 내심을 있는 그대로 드러내는 경우가 더 많다고 한다. 그렇듯 김두례 시인의 시어들은 때로는 당돌하고 낯설지만 화자의 의중을 더욱 절실하게 담아내는 경우가 적지 않다.

현실을 뒤집어보는 상징 시어들

김두례 시인은 자신이 몸담고 있는 현실을 그대로 재현하는 대신, 전복적 사유를 통하여 새롭게 재구성하는 노력을 아끼지 않고 있다. 하지만 해체를 통해 의미를 종잡을 수 있게 만들기보다, 사전적 의미에서 벗어난 상징 시어들을 통하여 자신의 의중을 은근히 내비치는 전략을 취하고 있다. 의미가 집약된 상징 시어를 통하여 자신이 처한 현실을 집약적이면서도 새롭게 드러내 보이는 일에 관심을 쏟고 있다.

너보다 키가 크고 손이 크고
발이 넓은 그
스패너를 가볍게 돌려 너트를 풀고 조이지

그런 그가 '잔나비는 나비야'
'잔나비는 나비가 아니고 원숭인데요'
너는 그의 귀에 말을 넣어주었어

귀를 씻는 그와 말을 넣어주는 너는
잔나비와 나비를 팽팽하게 붙잡지

'잔나비는 나비야'
나비는 날아다닐 수 있고
잔나비는 날아다닐 수 없어요

스패너를 찾아주면 너트를 가볍게 푸는 그에게
자는 나비? 잔나비는 잔을 빼면
날아다닐 수 있어요

잔나비를 찾아다 주는 그에게
너는 나비로 잔나비를 조이고 풀고
잔나비는 날개를 달고

-「너의 사적 모멘트」 전문

김두례 시인의 이번 시집의 특성을 잘 보여주는 시이다.

문맥만으로는 어떤 의미인지 파악이 어려운 작품이다. 하지만 꼼꼼히 살펴보면 문장 단위가 아닌 개별 시어들이 품고 있는 상징성과 환유를 통하여, 내장하고 있는 의미들을 퍼즐 맞추기 하듯 재구성할 수 있다. 화자는 첫 대목에 '너보다 키가 크고 손이 크고/ 발이 넓은 그/ 스패너를 가볍게 돌려 너트를 풀고 조이지'라는 구절을 배치하고 있다. '너'와 '그'라는 인칭 대명사들이 누구를 가리키는지부터 명확하지 않다. 하지만 이어지는 '스패너를 가볍게 돌려 너트를 풀고 조이지'라는 대목을 통하여, 기계 부품들을 만지고 조립하는 사람이라는 것을 짐작하게 한다. 즉, 시 속의 그는 기름밥을 먹으며 기계를 만지는 노동자로 추정된다.

　이어지는 둘째 연에 화자는 '그런 그가 '잔나비는 나비야'/ '잔나비는 나비가 아니고 원숭인데요'/ 너는 그의 귀에 말을 넣어주었어'라는 대목을 배치한다. 언뜻 들여다보아서는 이해가 되지 않는 시적 언술이다. 하지만 '잔나비는 나비야'라는 은유와 함께 '원숭이'라는 말을 함께 놓으면 비로소 시적 사유의 실마리가 풀린다. 우선 '나비'라는 시어에 주목할 필요가 있다. 나비는 가벼운 몸으로 세상을 자유롭게 날아다니는 존재라는 점에서 자유와 활달한 생명력을 상징한다. 이것을 앞 연에 제시된 스패너, 너트 등의 시어와 연결하면 모종의 기계를 만드느라 생이 묶여 있는 한 노동자가 꼭 짜여 있는 시간의 틈바구니에서 벗어나 자유롭게 생의 날개를 펼치고자 하는 욕망을 품고 살아가는 모습을 그린 것이다. '나비는 날아다닐 수 있고/ 잔나비는 날아다닐 수 없어요'라는 대구도 그가 놓여 있는 상황에 대한 언급이라 할 수 있다. 결구에 배치한 '너는 나비로 잔나비를 조이고 풀고/ 잔나비는 날개를 달고'라는 구절도 여유라곤 없이 꼭 매여 있는 삶에서 벗어나, 잔나비 즉 오랫동안 반복적인 노동에 시달려온 그에게 여유와 자유를 찾아주어야 한다는 메시지에 다름 아니다.

철조망 밑에서
발이 허공을 쥐고 있다
바닥에 등을 대고 있는 새

낮일을 마치고 부리를 기댈 밤을 찾다
철조망이 길인 줄 알았을까
깃털 가지런한 새 자유로워 보인다

하늘을 바라보는 먹색의 부리가 당당하다

앉아 있는 시간이 많은 구부정해진 엄마
누울 때 오래 뒤척이다가
베개를 괴거나 옆으로 누워
안정을 찾곤 하였지

담장 너머의 말이 쌓이고
눈 뜨지 못하고서
바닥에 등을 댈 수 있었다

저물어 가는 길이 새를 바라본다
붉어졌던 노을 점점 어두워지고

바닥이 된 새
그 모습이 편안하다

-「바닥」 전문

위에 든 시에서도 직접 화자가 등장하지 않고 '새'가 환유로 설정되어 있다. 또한 현실적인 삶의 장소가 아닌 알레고리로 설정된 공간이 대신하고 있다. 화자는 먼저 '철조망 밑에서/ 발이 허공을 쥐고 있다/ 바닥에 등을 대고 있는 새'라는 알레고리를 제시함으로써, 자신이 처한 공간을 넌지시 제시하고 있다. '철조망', '허공', '바닥' 등의 시어는 사전적인 의미에서 벗어나 화자가 처한 환경을 암시하는 상징어이다. 저물 무렵 철조망은 새의 눈에는 무사히 통과할 수 있을 것으로 보이지만 울울하게 도사리고 있는 뾰죽한 철가시들로 인해 차단되고 만다. '발이 허공을 쥐고 있다'는 표현으로 보아 투명한 공간으로 판단하고 지나가던 새가 날갯죽지 따위가 철조망에 걸려 거꾸로 매달리는 처지가 되고 말지 않았나 판단된다.

둘째 연에 등장하는 '철조망이 길인 줄 알았을까/ 깃털 가지런한 새 자유로워 보인다'는 구절은 그 같은 짐작이 억측이 아님을 잘 말해준다. 화자는 '철조망'과 '길'을 은유의 다리로 연결해 놓음으로써, 자신이 가는 길이 지난한 일들로 점철되어 있다는 것을 내비치고 있다. 여기서 화자는 전체 사회에 속한 개별적 존재로서, 그가 몸담고 있는 사회 전체가 전망이 차단된 어려움 속에 놓여 있음을 알리고 있다. 이어지는 '깃털 가지런한 새 자유로워 보인다'는 아이러니로서 겉으로는 가지런하고 자유로워 보이지만, 보이지 않는 통제하에 놓여 있다고 밝히고 있는 셈이다.

다음 연에 제시된 '앉아 있는 시간이 많은 구부정해진 엄마/ 누울 때 오래 뒤척'인다는 알레고리 역시 같은 지평에 놓여 있다. 일생 동안 농삿일, 가사노동 등으로 시달리던 엄마는 생을 얼마 남겨두지 않은 시점에서야 겨우 '앉아 있을 시간'을 얻었지만, 이제는 몸이 지쳐서 구부정한 허리로 누워 지내야만 하는 처지가 되었다는 것을 암시한다. '담장 너머의 말이 쌓이고/ 눈 뜨지 못하고서/ 바닥에 등을 댈 수 있었다'는 구절도 이제 이웃들과 어울리지 못한 채 유폐의 삶을 살아야 한다는 비극적 인식을 담고 있다. '바닥'이라는 상징어는 사전적 의미를 벗어나, 무릇 일하는 이들은 모두 삶의 질곡에서 해방되어야 한다는 아이러니를 파생시킨다. 결구에 배치된 '바닥이 된 새/ 그 모습이 편안하다'는 구절을 통해 새와 어머니를 합치시키면서, 어렵게 바닥의 삶을 산 이들은 모두 따뜻한 삶으로 보상받아야 한다는 사유를 드러낸다.

동화적 발상으로 삶을 새롭게 들여다보다

앞에서 살펴보았듯이 김두례 시인은 현실의 재구성을 통하여 그 내면에 은폐된 의미를 분명하고도 새롭게 하는 노력을 게을리하지 않는다. 그의 시가 파편적인 사고와 의미의 해체로 기울지 않는 것은 중심 시어들을 통해 자신의 의중을 더욱 효과적으로 만들기 위한 전략에 집중하기 때문이다. 여기에 더하여 그가 독자들에게 다가가는 방법으로 택하고 있는 전략은 비뚤어진 세속을 비판적으로 들여다보는데 집중하면서도, 거칠고 투박한 현실을 그대로 끌어들이는 대신 동화적 발상으로 시적 공간을 부드럽게 조성한다는 점이다.

어둠이 짙어지는 몸짓들이
골목길 벚나무 사이를 날아다닐 때
우리는 걸어간다

붉은머리오목눈이가 수풀에 매달려
저물어가는 방향에서 흩어진다
다시 금방 저쪽 수풀 속에서 울고
우리는 집으로 가고 있다

노을은 저만치 멀어지고

오가는 소리 붙들고 느리게 날갯짓하는 새는
가끔 안양천에 내려앉았다 가는 새는
울음을 남긴다

구름을 지나 멀리 사라져 가는
파문은 금방 없어지고
들어오는 발소리 나가는 발소리
검은 봉지를 킁킁거리다 달려가 버린 고양이들
밤이 오고 있다

나무도 새도 밤을 맞이할 때
그는 집을 나서야 한다고
야근하는 날이라 한다

속이 쓰리다고 겔포스를 빠는
얼굴이 노랗게 부어 있다

-「오늘의 새」 전문

충만한 동화적 발상이 눈에 밟히듯 실감나는 작품이다. 화자는 첫 대목에 '어둠이 짙어지는 몸짓들이/ 골목길 벚나무 사이를 날아다닐 때/ 우리는 걸어간다'라는 알레고리를 제시하고 있다. 골목길에 선 벚나무 사이에 저녁놀이 밀려 들어오는 모습을 그린다. 그런데 '어둠이 짙어'가는 풍경과 '우리는 걸어간다'는 묘사의 대비를 통하여, 여느 사람들에게는 저물녘이 하루를 정리하는 시간이지만 화자에게는 새롭게 시작하는 시간이라는 인식을 드러낸다. 아름다운 저녁 풍경은 '저물어가는 방향에서 흩어(지는) 붉은머리오목눈이', '노을 (속을) 느리게 날갯짓하는 새', '구름을 지나 멀리 사라져 가는/ 파문', '검은 봉지를 킁킁거리다 달려가 버린 고양이들' 등의 묘사를 통하여 독자들이 무장해제한 채 다가오도록 배려하고 있다.

하지만 화자의 시선은 이 같은 저물 무렵의 풍경과 다른 곳을 향하고 있다. 무릇 평범한 사람들에게 이렇게 저녁은 따스하게 다가오지만, 우리들 속의 '그'로 지칭되는 사람에게는 또다른 시간이 시작되고 있음에 주목한다. 즉 '나무도 새도 밤을 맞이할 때/ 그는 집을 나서야 한다고/ 야근하는 날이라 한다'라고 언술함으로써, 우리가 평화롭게 따스한 저녁을 맞이할 수 있는 이는 이면에는 시간을 거꾸로 돌려 일하는 사람이 있음을 환기한다. 결구에 든 '속이 쓰리다고 겔포스를 빠는/ 얼굴이 노랗게 부어 있다'라는 대목에서는 시간을 거꾸로 되돌려, 우리가 쉬면서 하루를 정리할 수 있는 것은 일하는 사람들이 속 쓰리는 아픔을 묵묵히 감내해 준 덕분이라는 사유를 펼친다. 화자의 메시지를 직접적으로 담지 않으면서 동화적 환경과 대비되는 가열찬 삶의 모습을 은근히 부각함으로써 겉과 속이 다른 세계의 이면을 꼼꼼히 읽어낸다.

바람에 흔들리는 한 잎의 개망초 풀잎에 더 오래 머문다
물풀에 갇혀 울음 우는 날개 꺾인 오리 몸짓에 더 오래 머

문다
 비상하려는 한 마리 쇠백로 가녀린 다리에 오래 머문다
 흙에서 삐져나온 소나무 작은 뿌리에 더 오래 머문다
 당신 양말의 뚫린 작은 구멍에 눈길 더 오래 머문다
 뒷산에서 들려오는 구슬픈 새 울음소리에 귀 기울인다
 멈칫거리는 아이의 작은 눈망울에 오래 눈길 머문다
 사이와 사이에 더 오래 머문다
 한 코씩 더하는 코바늘의 느린 움직임에 더 오래 머문다
 시가 태어나려는 긴요한 바닥에 더 오래 머문다
 길고양이의 사냥길에 멈춰있는 고독한 뒷모습에 오래 더 머문다
 나팔꽃잎에 사라질 듯 머무는 작은 이슬방울에 오래 더 머문다
 흔들리는 전깃줄에 앉아 있는 까치발에 더 오래 머문다
 구석으로 굴러가 멈춰있는 작은 단추에 더 오래 머문다
 무너져 가는 담장에 얹혀있는 햇빛에 더 오래 머문다
 담벼락 기어오르는 담쟁이 방황하는 어린 새순에 오래 더 머문다
 깊은 밤 어쩌다 들리는 풀벌레 소리에 더 오래 머문다
 어두운 밤 희미한 푸른 별빛에 오래 더 머문다
 나뭇가지 물고 서성이는 까치의 부리에 오래 더 머문다
 미세먼지 가득한 서산에 걸친 붉은 노을에 눈길 머문다
 이프로 부족한 듯한 마르퀴스에게 더 오래 머문다
-「머문다」 전문

천천히 기울어가는 걸 난 좋아해

봉오리 맺어지며
울타리로 기울어가는 장미꽃들
저 너머로 향기 날리지

짐을 든 너에게서 땀 냄새가 나
그 땀을 견디고 닦아줄 마음이
너에게 가까이 기울어 있다는 것

'기울다'는 각도가 중요해
비스듬하게 한쪽으로 낮아지면서 기울어야 하지

달이 기울어 가는 것
어둠 속에서도 내일이 있다는
'기울다'는 말에 기울어 보면
가만히 있지 않아 끊임없이 움직이네

-「기울다」부분

    자연 친화적이고 동화적인 두 편의 시들을 더 골라 보았다. 앞에 든 시는 우선 특별한 메시지를 내세우거나 시적 공간을 구체적으로 한정 짓는 등의 노력을 기울이고 있지 않다. 개별 시어가 가진 상징성을 충분히 활용한 가운데 시의 행간을 한껏 열어놓는 전략을 택하고 있는 작품이다. 화자는 자연에서 만난 풍경을 '바람에 흔들리는 한 잎의 개망초 풀잎에 더 오래 머문다/ 물풀에 갇혀 울음 우는 날개 꺾인 오리 몸짓에 더 오래 머문다/ 비상하려는 한 마리 쇠백로 가녀린 다리에 오래 머문다'라고 제시하고 있다. 하나같이 몽환적인 광경이다. 하지만 곰곰이 따져 보면 아무렇지 않게 소소하게 살아가는 미물들이라 할지라도 최선을 다하여 생을 꾸려가는 데 주목하고 있음을 살펴볼 수 있다. 가령 '바람에 흔들리는 한 잎의 개망초 풀잎'은 주술 관계를 바꾸면 '허리가 가는 개망초 풀잎은 저를 지키기 위하여 온몸으로 바람에 맞선다'는 메시지로 치환할 수 있다. 역시 다른 문장들도 '오리는 한 치 앞으로 나아가기 위하여 상처를 마다하지 않으며 억센 물풀을 헤쳐 나간다', '쇠백로는 가녀린 다리로 온 힘을 다해 허공을 박차고 오른다' 등으로 시적 메시지를 재구성할 수 있다.

화자가 시적 메시지를 자연과 생물에 한정하지 않고, '당신 양말의 뚫린 작은 구멍에 눈길 더 오래 머문다 … 한 코씩 더하는 코바늘의 느린 움직임에 더 오래 머문다/ 시가 태어나려는 긴요한 바닥에 더 오래 머문다' 등 사람살이로 옮겨가는 걸 보면, 낮고 누추한 데서 묵묵히 최선을 다하는 사람이야말로 이 세계의 진정한 주인이라는 사유를 펼치고 있다 하겠다. 나아가 이는 제 몸을 아끼지 않고 열심히 삶의 길을 헤쳐 나가는 일이야말로 세계를 앞으로 끌고 나가는 힘이라는 사실을 환기한다.

질 들뢰즈는 일하는 사람과 동물, 도구로 사용되는 사물까지를 아울러 '욕망하는 기계'라고 정의한다. 이들은 모두

모종의 사회적 생산을 위해 노동력을 제공하는 존재들이며 개별적인 의지는 박탈당한 채 오직 좋은 실적만을 위해 기꺼이 혹사하도록 구조화되어 있을 뿐이다. 나아가 그는 '기관 없는 신체'라는 개념을 도입하여 이들 생산에 동원되는 것들이 자유 의지를 박탈당한 채 오직 수단으로써만 충당되는 구조에 편입되어 있음을 명백하게 지적한다.

위의 시는 들뢰즈가 세계를 움직이는 힘은 뒤에서 돈과 권력으로 군림하는 자가 아니라 아픔과 상처를 마다하지 않으며 일하는 사람들이라고 본 시각과 일치한다. 화자는 결구 부분에 '어두운 밤 희미한 푸른 별빛에 오래 더 머문다 … 미세먼지 가득한 서산에 걸친 붉은 노을에 눈길 머문다'라는 메시지를 배치함으로써, 눈에 보이지 않는 것에 주목해야 하며 겉만이 아닌 사물과 자연의 깊은 속내를 투시하는 안목을 지녀야 한다고 독자들에게 귀띔한다.

뒤에 든 「기울다」도 명징한 이미지와 동화적 발상으로 충만한 작품이다. 화자는 '천천히 기울어가는 걸 난 좋아해'라는 명제를 제시하고 있다. '기울어가는'은 애매모호하면서도 동화적 매력을 지닌 말이다. 하지만 이는 단순하게 수학적 각도만을 의미하지는 않는다. 이것은 '지탱하기에 힘들다'라는 의미로 연결되기도 하고 '고개 숙이다'라는 이미지와 연결되기도 하는 말이다. 즉 둘째 연에 제시된 '봉오리 맺어지며/ 울타리로 기울어가는 장미꽃들/ 저 너머로 향기 날리지'라는 알레고리는 그 같은 시적 메시지를 함축한 것이다. 장미꽃 봉오리는 '기울다'라는 이미지와 고리를 이루면서, 무릇 꽃을 피우는 존재들은 어려움을 견디고 견딘 끝에 비로소 결실을 맺는다는 의미로 확장된다. 향기는 거저 주어지는 것이 아니라 타는 듯한 태양과 맞서서 물을 끌어올리고 긴긴 밤을 견딘 땀의 산물이라는 것이다.

  화자는 이어지는 연에서 이번에는 병치 이미지를 사용하여 그 같은 기울기를 사람살이에서 찾는다. 즉 '짐을 든 너에게서 땀 냄새가 나/ 그 땀을 견디고 닦아줄 마음이/ 너에게 가까이 기울어 있다는 것'이라고 언술함으로써 일하는 사람들이 흘리는 땀이야말로 참다운 향기이며, 그것에 다가가고픈 마음이 기울어진다고 말한다. 겉으로는 동화적 분위기에서 시작하였지만 장미가 가진 미덕은 사람살이의 은밀한 법칙과도 은밀하게 연결되어 있다는 사유를 펼치고 있다. 나아가 "기울다'는 말에 기울어 보면/ 가만히 있지 않아 끊임없이 움직이네'라고 언술함으로써 고정된 자리에 머물지 않고 이웃과 세계를 향해 나아가는 것이라고 말한다. 뒷부분에서 '달이 기울어 가는 것/ 어둠 속에서도 내일이 있다는' 것이라고 언술하고 있는 대목은 기울어진 달로 상징되는 어려움을 참으면 초승달에서 시작했더라도 보름달이 되듯이 밝은 내일이 올 것이라는 점을 환기한다. 나아가 "기울다'는 말에 기울어 보면/ 가만히 있지 않아 끊임없이 움직이네'라고 결구한 것은 모름지기 한자리에 붙박이지 말고 끊임없이 새로운 것을 추구해 가야 한다는 것을 의미한다고 볼 수 있다.

따스한 삶이 펼쳐지는 마당

이번 시집에서 주목할 만한 일련의 시편들 가운데에는 구체적인 삶 속에서 펼쳐진 공간 속에 펼쳐진 것들이 적지 않다. 김두례 시인은 비교적 간략한 시적 드라마를 즐겨 채용하는 시인이기는 하지만, 어떤 드라마는 길기도 하고 때로는 각별하게 간절해서 그냥 지나칠 수 없다. 무거운 주제보다는 훅 끼치는 명징한 이미지며 짧은 알레고리를 중심으로 한 시들이 중심을 이루고 있지만, 구체적 삶을 바탕으로 한 시들은 뭉클하기도 하고, 가슴 깊은 곳까지 도달하는 무언의 힘이 느껴지기도 한다.

    습지로 향한다
    흑두루미 소리에
    뻘이 당기듯 빨려간다

    흩어졌던 아이의 울음이 섞인다
    눈이 먼저 귀가 먼저 열리는

    어미와 어린 새로 이어지는

    안개 피어오르는 습지에서
    번지는 울음

얼마나 토했을까

아무르에서 아무르로 가는 길

저 목이 쉬어가는 소리는
바다로 잠기고 있을 것이다

물음이 자라는 아이는
나를 보고서야
물음이 그쳤어

아침을 선회하는 저 울음
울음을 부르고 부른다

-「울음의 사슬-순천만에서」 전문

생태 공원으로 널리 알려진 순천만 습지를 공간으로 삼은 작품이다. 우리 국토의 끝에 가까운 순천만은 드넓은 습지 덕분에 철새들의 낙원으로 알려진 곳이기도 하다. 그렇다고 해서 새들에게 먹이 활동이 쉬운 곳은 아니고 혹독한 겨울바람을 이기며 낙수를 모으고 갯벌에 숨은 것들을 가까스로 사냥하여 살아가는 공간이다. 화자는 첫 대목에 '습지로 향한다/ 흑두루미 소리에/ 뻘이 당기듯 빨려간다'는 알레고리를 배치하고 있다. 흑두루미는 해마다 순천만을 찾아 겨울을 나는 진객이다. 저녁놀을 반사하며 비상하는 날갯죽지가 아름다운 철새이지만, 겨울을 나면서 새끼들이 월동할

만큼 넉넉하게 먹이를 얻기는 쉬운 일이 아니다. 그 같은 어려움은 '뻘이 당기듯 빨려간다'는 구절로 함축되어 있다. 화자는 그것을 흑두루미에 한정하지 않고 사람살이의 드라마로 병치시키고 있다. 즉, '눈이 먼저 귀가 먼저 열리는// 어미와 어린 새로 이어지는// 안개 피어오르는 습지에서/ 번지는 울음/ 얼마나 토했을까'로 그려져 있다. 수많은 새들이 날아다니는 가운데 어미는 아기새의 모습이 아닌 울음으로 핏줄을 알아본다고 말하고 있다.

'울음'이라는 상징 시어를 통하여 핏줄과 핏줄이 이어진다는 것은 어려움과 고통을 공유함으로써 비로소 이루어질 수 있다는 것이다. '저 목이 쉬어가는 소리는/ 바다로 잠기고 있을 것이다'라는 대목은, 차고 넓은 바다에 일으키는 파도 소리에 잠기지 않고 핏줄의 연대를 지켜가기가 얼마나 어려운가를 환기한다. '아침을 선회하는 저 울음/ 울음을 부르고 부른다'는 구절 역시, 어미의 역사를 어린것들에게 물려주는 것은 맑은 노래가 아닌 어려움을 이겨내느라 터져 나오는 울음이 될 수밖에 없다고 말하고 있다. 이 작품은 흑두루미의 식생을 환유로 하여, 한 생이 다른 생으로 이어간다는 것이 얼마나 힘들고 위대한가를 잘 말해준다.

　　마트 계산대를 두드리는 손
　　코드와 숫자는 언어가 되었다

　　팔뚝과 가슴에 새겨져 있는 붉은 장미

한 시절을 묶어놓은 듯
아직 향기를 뿜는다

기기를 두드리는 손 팽팽하다
진한 덩굴장미 문장을 떠올리는

계산대 앞 바쁜 발들
꽃잎의 흔들림으로 자리는 피어난다

경계에 있는 꽃 문신
사람들이 줄어들 때마다
이마를 쓸어내린다

곧은 꽃잎으로 매일 다짐하는
그녀 몇 년째
울타리를 오르듯
계산대 앞을 지키고 있는 것이다

오늘도 단정한 인사를 건네는
상냥한 가시 날리는 그녀
통통 부은 다리를 견디고 있다

-「캐셔」 전문

명절에도 챙겨야 하는 알약
아침밥을 먹고 물을 찾아

노상 삭신이 쑤신다는 엄마 옆에 앉으니
나도 나도 하며 알약을 갖고 오네

어지럽다는 여동생은 비타민D 정
온몸이 쑤신다는 엄마는 이부프로펜 정
머리가 아프다는 남동생은 타이레놀 정
허리 아프다는 언닌 노바스크 정
알약들 입에 털어 넣고 물을 마시네

믿는 만큼 지켜줄 것 같은 알약 표정들
면역력이 망가진 오빠는 몸에 맞는
더 센 알약을 찾느라
병원 생활이 길어지네

(중략)

알약이 알약이 아니네
아침이 찌끗할 때면 복약지도가 망가지고
검은 그림자 슬며시 다가와 있어 종일 속이 시끄럽지만
알약을 삼킨 아침은
오늘 하루도 건강하게 지나갈 것이라 여기네

-「오늘도 안녕」 전문

    비교적 분명한 공간을 배경으로 한 두 편의 시들을 골라 보았다. 앞에 든 시는 우리네 삶에 매우 친숙한 공간이 되어버린 대형마트를 배경으로 창작된 것이다. 문명의 이기들이 인간의 삶을 새롭게 바꿔 가는 것 못지않게 비인간화되어가는 양상을 냉정하게 투시한다. 화자는 우선 '마트 계산대를 두드리는 손/ 코드와 숫자는 언어가 되었다'고 대형마트의 상황을 간략하게 옮기고 있다. 여기서 맞잡는 손 아닌 '두드리는 손'을 제시함으로써 현대인들의 삶이 대화와 소통이 아닌 거래의 관계로 탈바꿈되어 있음을 나타낸다. '언어'를 '코드와 숫자'로 연결 지음으로써 오늘 사람들 사이를 매개하는 것이 숫자로 제유된 돈이라는 인식을 비판적으로 드러낸다. 둘째 연에서 '팔뚝과 가슴에 새겨져 있는 붉은 장미'를 제시하는데, 이는 울타리와 정원에 함빡 피어 있어야 할 장미가 여성들의 피부에 문신이나 타투 따위로 새겨져 있는 것을 가리키는 것이다. 화자는 피부에 핀 장미가 '한 시절을 묶어놓은 듯/ 아직 향기를 뿜는다'고 하였지만 실은 향기 없는 삶에 지배되고 있다는 아이러니로 읽힌다.

  이 시의 중심은 후반부에 있는 것으로 보인다. 화자는 '곧은 꽃잎으로 매일 다짐하는/ 그녀'라고 언술함으로써, 캐셔가 가슴이나 팔에 새긴 문신이 자신을 위한 것이라기보다 고객들에게 보이기 위한 것이라는 점을 환기시킨다. 대형마트에서 일하는 캐셔들이 겉보기에 좋은 문신 화장을 하는 것은 자신을 위한 것 아닌 타인의 욕망을 대신하는 것이라는 사유를 담아내고 있다. 나아가 눈길을 외모를 한 채 '계산대 앞을 지키고 있는' 그녀의 모습을 '오늘도 단정한 인사를 건네'고 '상냥한 가시 날'린다고 표현하고 있다. 여기서 '가시'는 장미가 숨기고 있는 것으로 겉과 속이 다르다는 것을 암시하는 말이다. 그리고 남을 위한 욕망으로 구축된 장미의 세계를 '퉁퉁 부은 다리(로) 견디고 있다'고 밝힌다. 남을 위한 욕망의 도구가 되고 있는 상품 경제의 세계의 겉과 속이 사뭇 다른 모습이 잘 투영된 작품이다. 이 시 역시 문장 단위 아닌 시어 단위로 파악되는 작품이지만, 구체적인 공간과 살아 있는 삶을 거느리고 있다는 점에서 김두례 시의 다른 면을 보여준다.

뒤에 든 작품은 현대적인 공간이 아닌 시인의 퇴락한 고향집을 배경으로 하고 있다. 첫 대목에 '명절에도 챙겨야 하는 알약'이라고 제시함으로써 현대인들이 각종 질병으로 시달리고 있음을 암시한다. 화자는 '어지럽다는 여동생은 비타민D 정/ 온몸이 쑤신다는 엄마는 이부프로펜 정/ 머리가 아프다는 남동생은 타이레놀 정/ 허리 아프다는 언니 노바스크 정/ 알약들 입에 털어 넣고 물을 마시네' 등 뫼비우스의 띠처럼 식구들이 잇따라 갖가지 약으로 겨우 건강을 지탱해 가는 모습을 환유적으로 묘사함으로써, 현대인들이 번영의 그늘에서 갖가지 지병으로 시달리고 있음을 나타낸다.

나아가 '믿는 만큼 지켜줄 것 같은 알약 표정들/ 면역력이 망가진 오빠는 몸에 맞는/ 더 센 알약을 찾'는라고 언술함으로써 자연과 함께하는 휴식 등 인간적인 삶을 버리고 약에 의존하느라 더욱 깊은 질병의 늪으로 빠져드는 현실을 드러낸다. 화자는 '병원 생활이 길어지네'라는 언술을 통하여 약의 마수에서 하루빨리 벗어나야 한다고 힘주어 말하고 있다. 그 같은 시적 사유는 '알약을 삼킨 아침은/ 오늘 하루도 건강하게 지나갈 것이라 여기네'라는 구절로 잘 갈무리되어 있다. 이 메시지는 약에게 의존하는 습관에서 벗어나, 하루빨리 스스로 건강을 되찾아야 한다는 아이러니를 파생시킨다.

이제까지 김두례 시인의 새 시집 『드라이 플라워』의 세계를 몇몇 작품들을 중심으로 살펴보았다. 전체적으로 김두례 시인은 긴 문장을 통해 자신의 의중을 구구하게 설명하거나 전달하는 방식에서 벗어나 사전에서 벗어난 의미가 담겨 있는 시어들을 통해 집약적으로 작의를 드러내는 전략을 취하고 있다. 이 같은 시작 태도는 기의보다는 방법론으로서의 기표가 우위를 차지하는 현대시의 새로운 의의에 부합한다.

그는 성급하게 자신의 작의를 드러내기보다 동화적이고 몽환적인 분위기를 시에 도입하여 독자들을 끌어들이는 전략을 취하고 있다. 이는 시인 자신이 한동안 동화 창작에 매진했던 경험에서 나오는 것이기도 하지만, 주제의 구현에 집착하기보다 애매모호성을 극한으로 끌고 가면서 분위기를 통해 작의를 은근하게 환기시켜 가는 최근 시의 경향에 따른 전략으로 보인다. 그리고 상당한 성과를 거두고 있음을 이번 시집을 통해 보여주었다.

또한 시인의 선택한 시어들을 통해 메시지를 응축해 전달하는 전략의 틀은 지니면서도, 김두례 시인은 좀처럼 의미를 종잡을 수 없는 해체적 사유에 끌려다니기보다 분명한 의미를 추구해 가고 있다는 데 그만의 특징이 있다. 즉 스패너, 너트 등의 시어를 통해 일하는 사람들의 세계를 환기시키는 한편, 타투를 한 대형마트 캐셔의 모습을 통해 남을 위한 욕망의 도구가 되고 있는 현실을 드러내는 한편, 날로 복용하는 알약이 늘어나는 현대인들의 모습을 그림으로써 비인간화되어 가는 오늘의 일그러진 세태를 환기하고 있다. 그의 시는 해체를 넘어 인간다운 삶을 추구해 가는 도정을 잘 보여준다. 그런 점에서 주제와 기법이 균형을 이룬 새로운 형태의 시라고 볼 수 있다. 모쪼록 김두례 시인이 이같은 시적 전략을 더욱 갈고 닦아 단단한 일가를 이뤄 나가기 바란다.

드라이 플라워

찍은날 2023년 9월 20일
펴낸날 2023년 9월 25일
지은이 김두례
펴낸이 박몽구
펴낸곳 도서출판 시와문화
주　소 13955 경기 안양시 동안구 경수대로883번길 33,
　　　　103동 204호(비산동, 꿈에그린아파트)
전　화 (031)452-4992
E-mail poetpak@naver.com
등록번호 제2007-000005호(2007년 2월 13일)
ISBN 978-89-94833-96-5(03810)

정　가 12,000원

*이 책은 2023년 문화예술인 지원사업 〈생애최초 지원〉에 선정되어
'안양문화예술재단'의 지원을 받아 제작되었습니다.